Impressum
Verlag: BABADADA GmbH, Nedderfeld 112 , 22529 Hamburg
Geschäftsführer / Verlagsleitung: Harald Hof
Druck: Books on Demand GmbH, In de Tarpen 42, 22848 Norderstedt

Imprint
Publisher: BABADADA GmbH, Nedderfeld 112 , 22529 Hamburg, Germany
Managing Director / Publishing direction: Harald Hof
Print: Books on Demand GmbH, In de Tarpen 42, 22848 Norderstedt

school

школа

classroom
классная комната

divide
делить

186/2

board
доска

school yard
школьный двор

teacher
учитель

paper
бумага

write
писать

pen
ручка

desk
письменный стол

ruler
линейка

book
книга

pupil
ученик

satchel

ранец

pencil case

пенал

pencil

карандаш

pencil sharpener

точилка

rubber

ластик

drawing pad

альбом для рисования

drawing

рисунок

paintbrush

кисточка

paint box

коробка красок

scissors

ножницы

glue

клей

exercise book

тетрадь

homework

домашняя работа

number

цифра

add

прибавлять

subtract

вычитать

multiply

умножать

calculate

считать

letter

буква

alphabet

алфавит

word

слово

text

текст

read

читать

chalk

мел

lesson

урок

register

классный журнал

exam

экзамен

certificate

диплом

school uniform

школьная форма

education

образование

encyclopedia

энциклопедия

university

университет

microscope

микроскоп

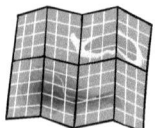

map

карта

waste-paper basket

корзина для бумаг

travel

путешествие

hotel
гостиница
Grand
hostel
турбаза
ROOMS
EXCHANGE
bureau de change
пункт обмена валюты
car
автомобиль

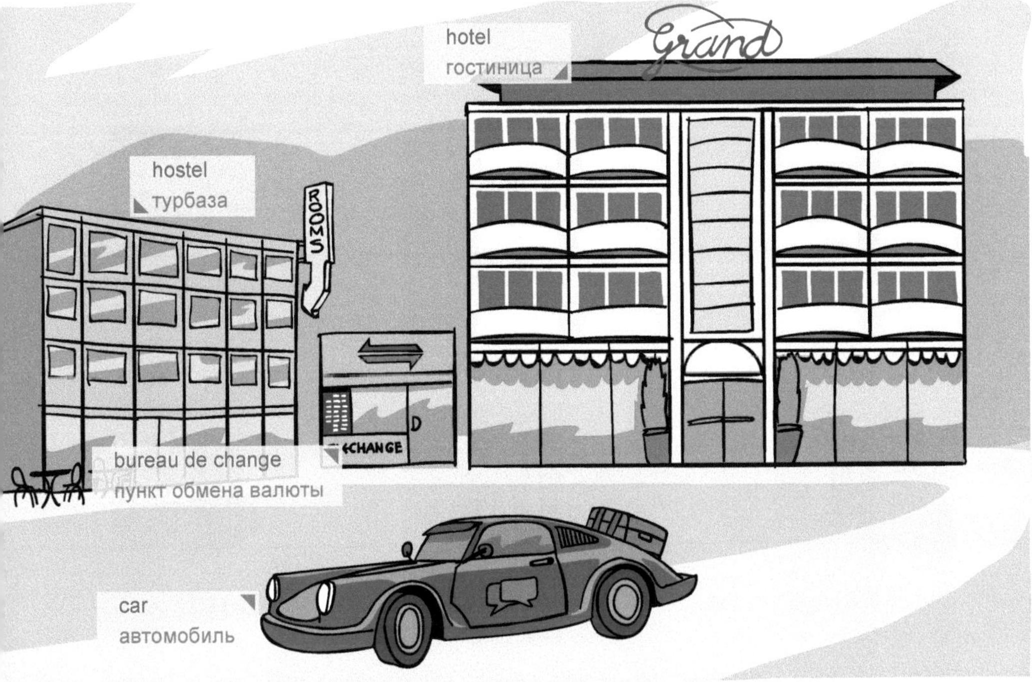

language
язык

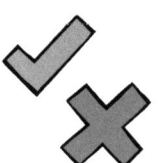

yes / no
да / нет

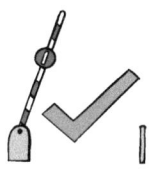

Okay
хорошо

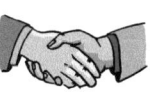

hello
Привет

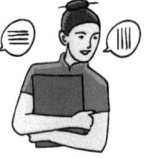

translator
переводчик

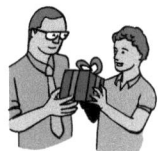

Thank you
Спасибо

how much is…?

Сколько стоит…?

I do not understand

Я не понимаю

problem

проблема

Good evening!

Добрый вечер!

Good morning!

Доброе утро!

Good night!

Доброй ночи!

bye bye

До свидания

direction

направление

luggage

багаж

bag

сумка

backpack

рюкзак

guest

гость

room

комната

sleeping bag

спальный мешок

tent

палатка

tourist information

туристическая информация

beach

пляж

credit card

кредитная карточка

breakfast

завтрак

lunch

обед

dinner

ужин

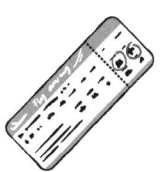

ticket

билет

lift

лифт

stamp

почтовая марка

border

граница

customs

таможня

embassy

посольство

visa

виза

passport

паспорт

transport
транспорт

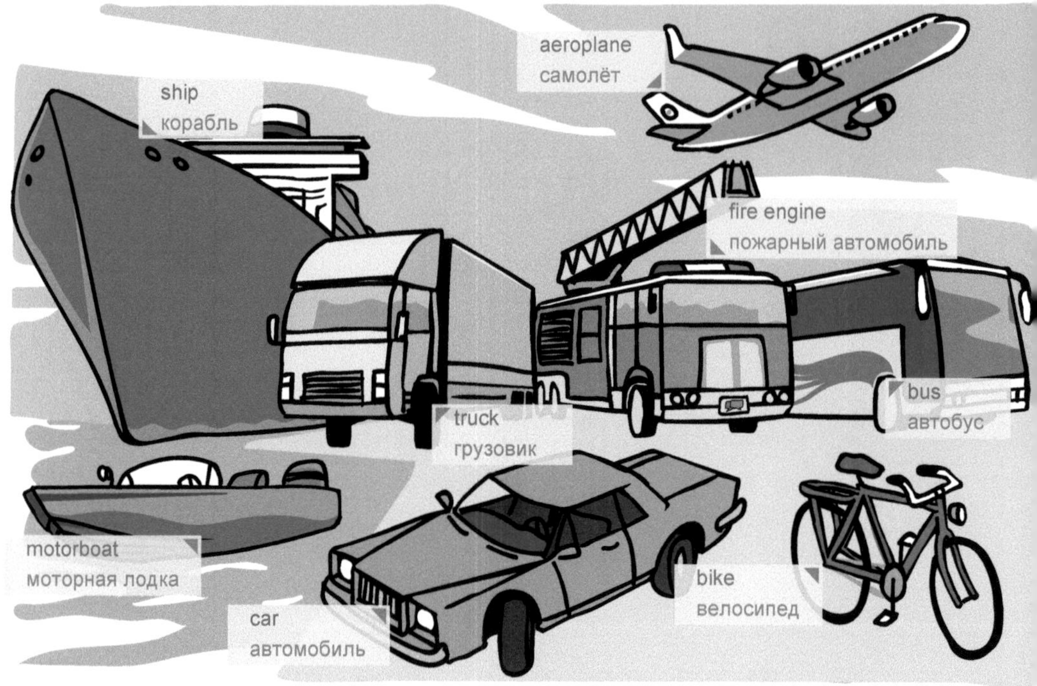
aeroplane
самолёт
ship
корабль
fire engine
пожарный автомобиль
bus
автобус
truck
грузовик
motorboat
моторная лодка
bike
велосипед
car
автомобиль

ferry
парoм

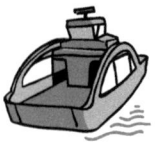

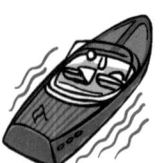

boat
лодка

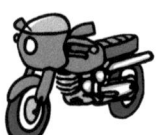

motorbike
мотоцикл

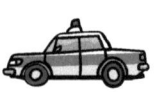

police car
полицейский автомобиль

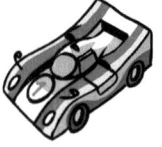

racing car
гоночный автомобиль

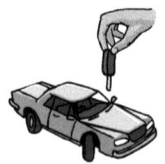

rental car
арендованный автомобиль

car sharing

совместное пользование
автомобилями

breakdown truck

буксировочный
автомобиль

refuse truck

мусоровоз

motor

двигатель

fuel

топливо

petrol station

заправка

traffic sign

дорожный знак

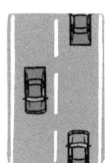

traffic

движение

traffic jam

пробка

car park

автостоянка

train station

вокзал

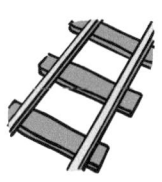

tracks

рельсы

train

поезд

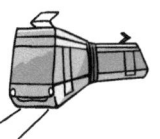

tram

трамвай

carriage

вагон

helicopter

вертолёт

airport

аэропорт

tower

вышка

passenger

пассажир

container

контейнер

carton

коробка

cart

тележка

basket

корзина

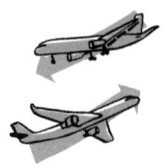

take off / land

взлетать / приземляться

city

город

village

деревня

city centre

центр города

house

дом

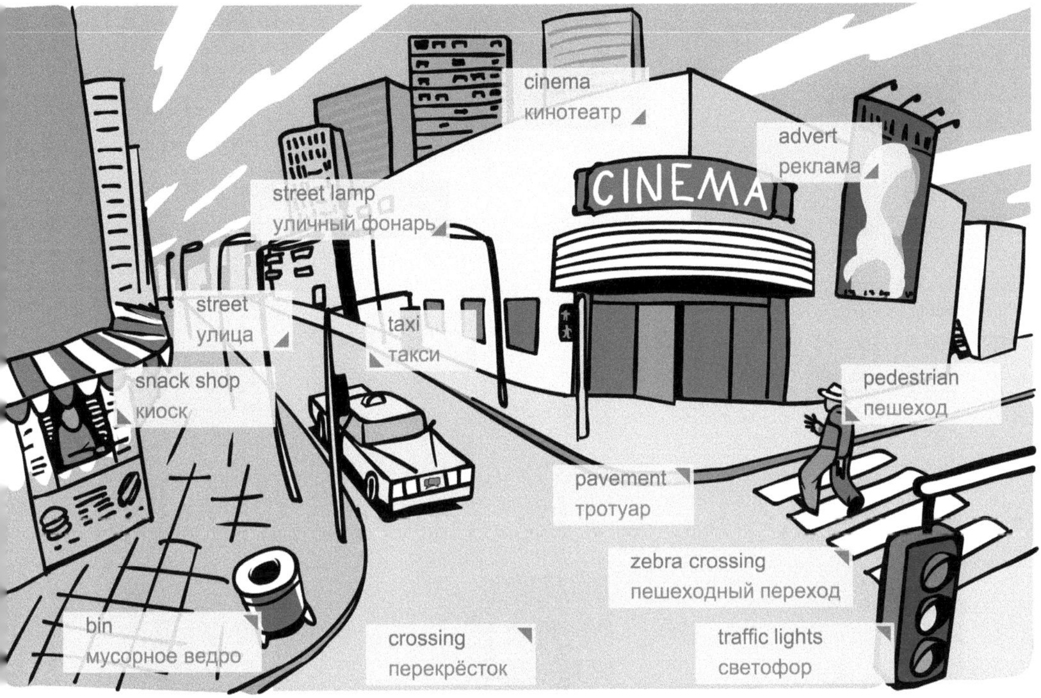

cinema
кинотеатр
advert
реклама
CINEMA
street lamp
уличный фонарь
street
улица
taxi
такси
snack shop
киоск
pedestrian
пешеход
pavement
тротуар
zebra crossing
пешеходный переход
bin
мусорное ведро
crossing
перекрёсток
traffic lights
светофор

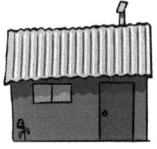

hut

хижина

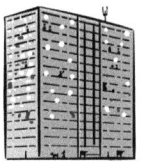

flat

квартира

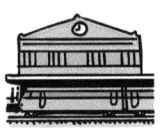

train station

вокзал

town hall

ратуша

MUSEUM

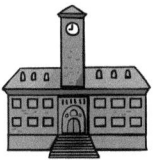

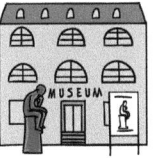

museum

музей

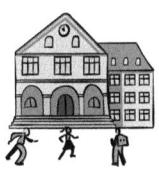

school

школа

university

университет

bank

банк

hospital

больница

hotel

гостиница

pharmacy

аптека

office

офис

book shop

книжный магазин

shop

магазин

florist's

цветочный магазин

supermarket

супермаркет

market

рынок

department store

универмаг

fishmonger's

торговец рыбой

shopping centre

торговый центр

harbour

порт

park

парк

bench

скамейка

bridge

мост

stairs

лестница

underground

метро

tunnel

тоннель

bus stop

автобусная остановка

bar

бар

restaurant

ресторан

postbox

почтовый ящик

street sign

табличка с названием
улицы

parking meter

паркометр

zoo

зоопарк

swimming pool

бассейн

mosque

мечеть

farm

ферма

pollution

загрязнение окружающей среды

graveyard

кладбище

church

церковь

playground

детская площадка

temple

храм

landscape
ландшафт

signpost
дорожный указатель

way
дорога

meadow
луг

stone
камень

tree
дерево

hiker
путешественник

river
река

grass
трава

flower
цветок

valley

долина

hill

гора

lake

озеро

forest

лес

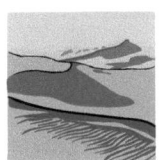

desert

пустыня

volcano

вулкан

castle

замок

rainbow

радуга

mushroom

гриб

palm tree

пальма

mosquito

комар

fly

муха

ant

муравей

bee

пчела

spider

паук

landscape - ландшафт

beetle

жук

frog

лягушка

squirrel

белка

hedgehog

еж

hare

заяц

owl

сова

bird

птица

swan

лебедь

boar

кабан

deer

олень

moose

лось

dam

плотина

wind turbine

ветряной генератор

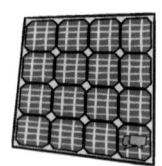

solar panel

солнечная батарея

climate

климат

restaurant
ресторан

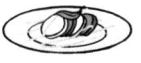

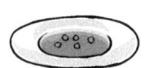

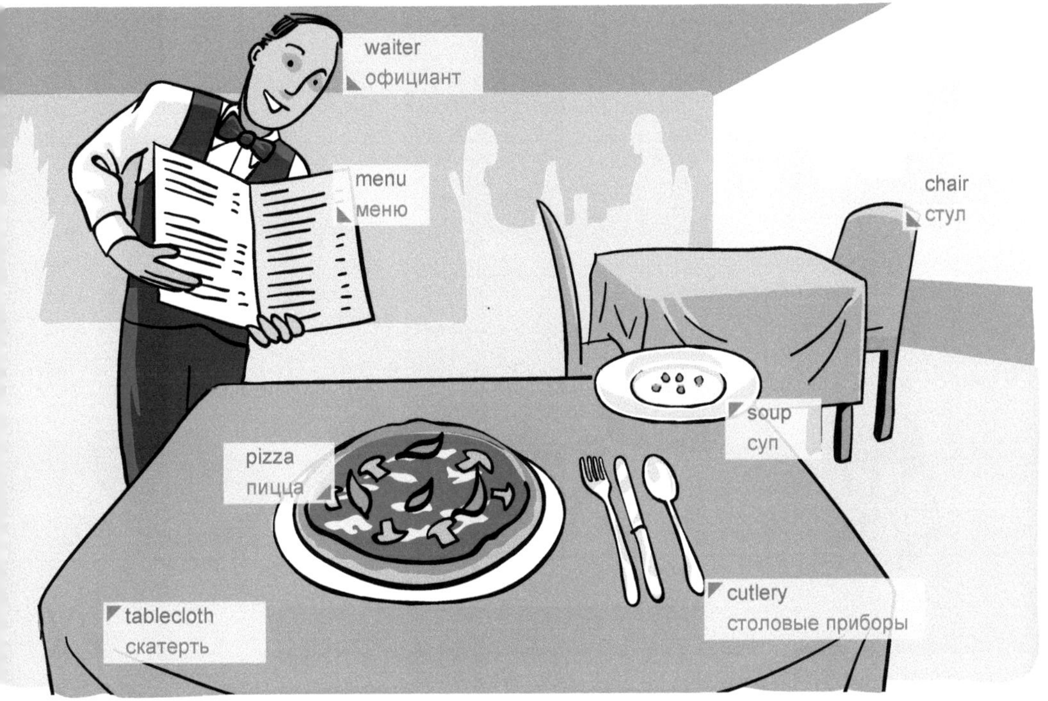
waiter
официант
menu
меню
chair
стул
soup
суп
pizza
пицца
cutlery
столовые приборы
tablecloth
скатерть

starter
закуска

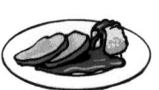

main course
главное блюдо

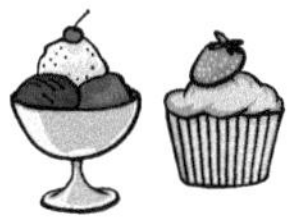

dessert
десерт

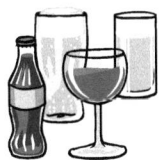

drinks
напитки

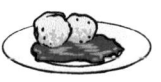

food
еда

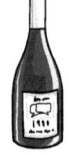

bottle
бутылка

fast food

фастфуд

street food

уличная еда

teapot

чайник

sugar bowl

сахарница

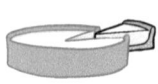

portion

порция

espresso machine

кофеварка

high chair

детский стульчик

bill

счет

tray

поднос

knife

нож

fork

вилка

spoon

ложка

teaspoon

чайная ложка

serviette

салфетка

glass

стакан

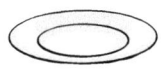

plate

тарелка

soup plate

суповая тарелка

saucer

блюдце

sauce

соус

salt pot

солонка

pepper mill

мельница для перца

vinegar

уксус

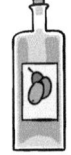

oil

масло

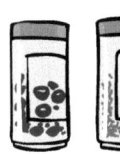

spices

специи

ketchup

кетчуп

mustard

горчица

mayonnaise

майонез

supermarket

супермаркет

special offer
специальное предложение
FOR
customer
покупатель
dairy
молочные продукты
fruit
фрукты
trolley
тележка для покупок

BUTCHERS

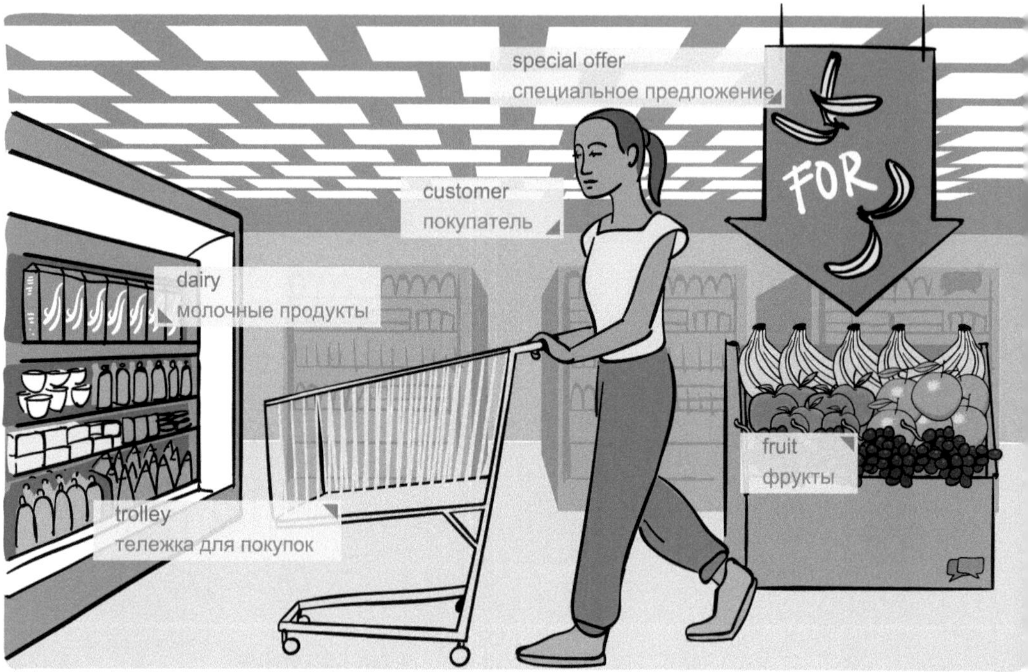

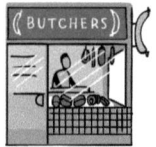

butcher´s

мясной магазин

BAKERY

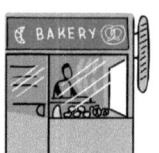

baker´s

пекарня

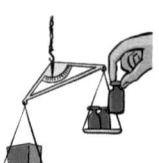

weigh

взвешивать

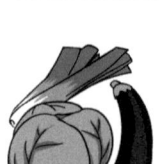

vegetables

овощи

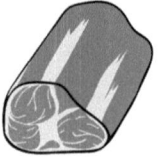

meat

мясо

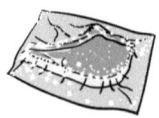

frozen food

быстрозамороженные продукты

cold meat

нарезка

tinned food

консервы

washing powder

стиральный порошок

sweets

сладости

household products

предмет домашнего обихода

cleaning products

моющее средство

salesperson

продавщица

till

касса

cashier

кассир

shopping list

список покупок

opening hours

время работы

wallet

бумажник

credit card

кредитная карточка

bag

сумка

plastic bag

полиэтиленовый пакет

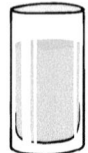

water

вода

juice

сок

milk

молоко

coke

кока-кола

wine

вино

beer

пиво

alcohol

алкоголь

cocoa

какао

tea

чай

coffee

кофе

espresso

эспрессо

cappuccino

капучино

banana

банан

apple

яблоко

orange

апельсин

melon

арбуз

lemon

лимон

carrot

морковь

garlic

чеснок

bamboo

бамбук

onion

лук

mushroom

гриб

nuts

орехи

noodles

лапша

spaghetti

спагетти

rice

рис

salad

салат

chips

картофель фри

fried potatoes

жареный картофель

pizza

пицца

hamburger

гамбургер

sandwich

сэндвич

cutlet

шницель

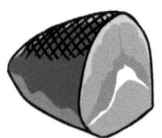

ham

ветчина

salami

салями

sausage

колбаса

chicken

курица

roast

жаркое

fish

рыба

porridge oats

овсяные хлопья

muesli

мюсли

cornflakes

кукурузные хлопья

flour

мука

croissant

круассан

bread roll

булочка

bread

хлеб

toast

тост

biscuits

печенье

butter

масло

curd

творог

cake

пирог

egg

яйцо

fried egg

яичница

cheese

сыр

food - еда

ice cream

мороженое

sugar

сахар

honey

мёд

jam

мармелад

chocolate spread

крем с нугой

curry

карри

goat

коза

cow

корова

calf

телёнок

pig

свинья

piglet

поросёнок

bull

бык

goose

гусь

duck

утка

chick

цыплёнок

hen

курица

cock

петух

rat

крыса

cat

кошка

mouse

мышь

ox

вол

dog

собака

doghouse

конура

garden hose

садовый шланг

watering can

лейка

scythe

коса

plough

плуг

sickle

серп

hoe

мотыга

pitchfork

навозные вилы

axe

топор

wheelbarrow

тачка

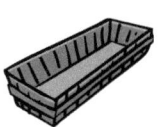

trough

корыто

milk can

бидон для молока

sack

мешок

fence

забор

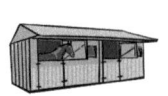

stable

хлев

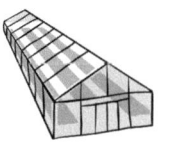

greenhouse

теплица

soil

почва

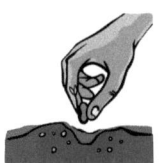

seed

посев

fertilizer

удобрение

combine harvester

комбайн

farm - ферма

harvest

собирать урожай

harvest

урожай

yams

ямс

wheat

пшеница

soy

соя

potato

картофель

corn

кукуруза

rapeseed

рапс

fruit tree

фруктовое дерево

cassava

маниок

cereals

злаки

living room

гостиная

bathroom

ванная комната

kitchen

кухня

bedroom

спальня

child's room

детская комната

dining room

столовая

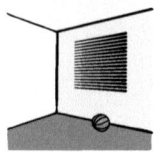

floor

пол

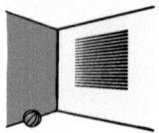

wall

стена

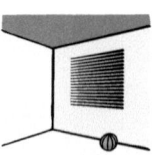

ceiling

потолок

cellar

подвал

sauna

сауна

balcony

балкон

terrace

терраса

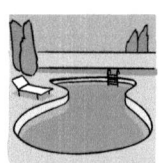

pool

бассейн

lawn mower

газонокосилка

sheet

пододеяльник

bedspread

покрывало

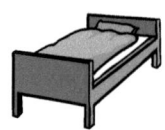

bed

кровать

broom

метла

bucket

ведро

switch

выключатель

living room
гостиная

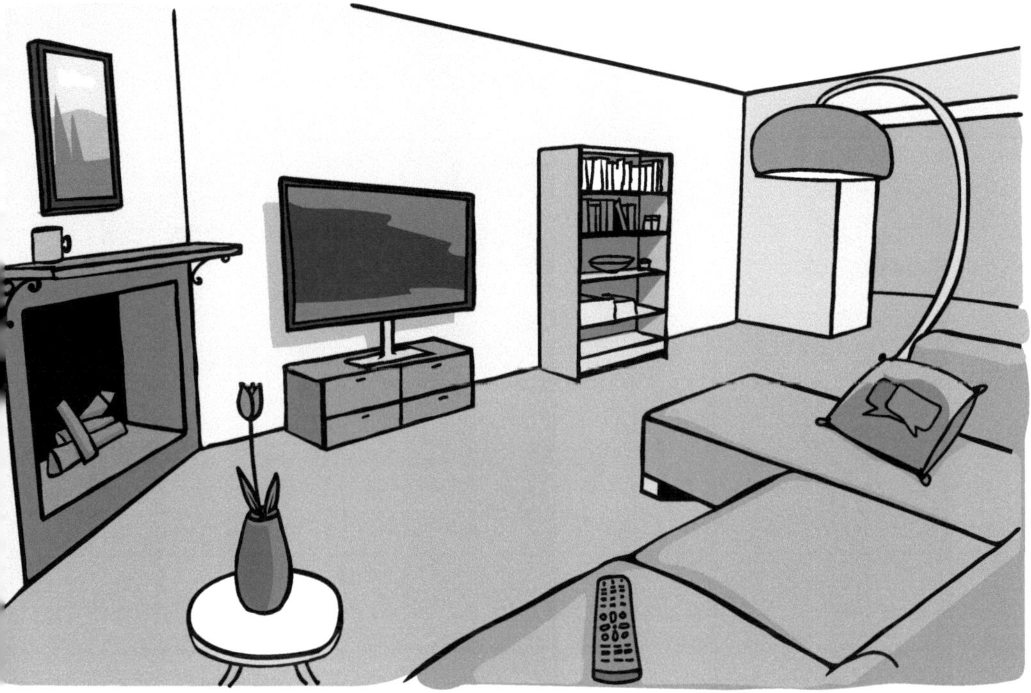

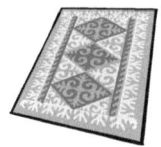

carpet

ковёр

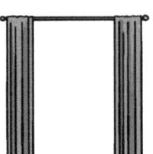

curtain

штора

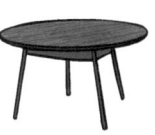

table

стол

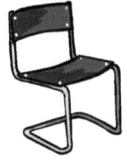

chair

стул

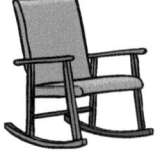

rocking chair

кресло-качалка

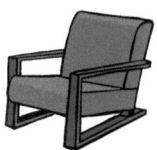

armchair

кресло

book

книга

blanket

покрывало

decoration

украшение

firewood

дрова

film

фильм

hi-fi equipment

стереосистема

key

ключ

newspaper

газета

painting

картина

poster

плакат

radio

радио

notepad

блокнот

hoover

пылесос

cactus

кактус

candle

свеча

kitchen
кухня

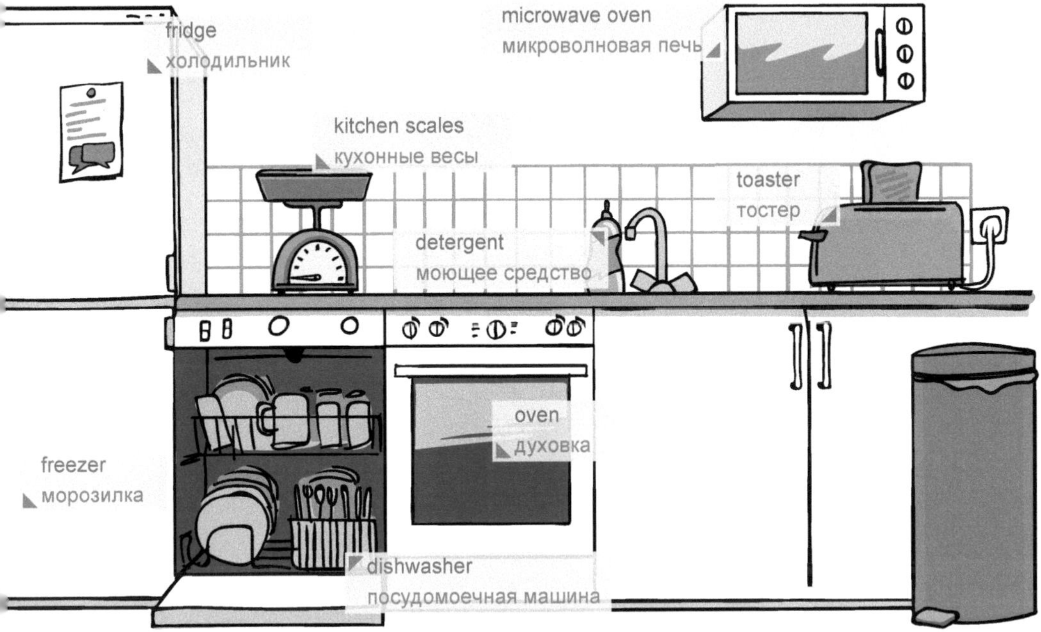

fridge
холодильник
microwave oven
микроволновая печь
kitchen scales
кухонные весы
toaster
тостер
detergent
моющее средство
oven
духовка
freezer
морозилка
dishwasher
посудомоечная машина

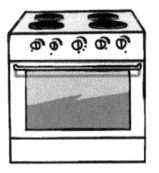

cooker

плита

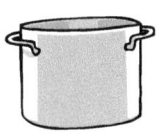

pot

кастрюля

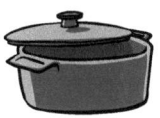

cast-iron pot

чугунный котелок

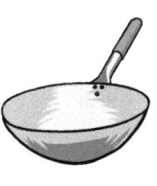

wok / kadai

вок / кадай

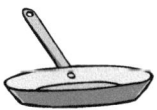

pan

сковорода

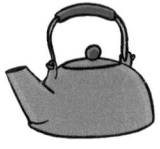

kettle

чайник

steamer

пароварка

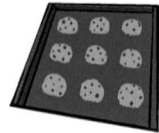

baking tray

противень

crockery

посуда

mug

кружка

bowl

миска

chopsticks

палочки для еды

ladle

половник

spatula

лопатка

whisk

сбивалка

strainer

сито

sieve

сито

grater

тёрка

mortar

ступка

barbecue

гриль

open fire

костёр

chopping board

доска

rolling pin

скалка

corkscrew

штопор

can

жестяная банка

can opener

консервный нож

pot holder

прихватка

sink

раковина

brush

щетка

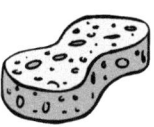

sponge

губка

blender

миксер

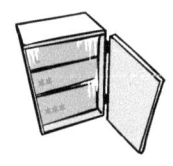

deep freezer

морозильная камера

baby bottle

бутылочка для кормления

tap

кран

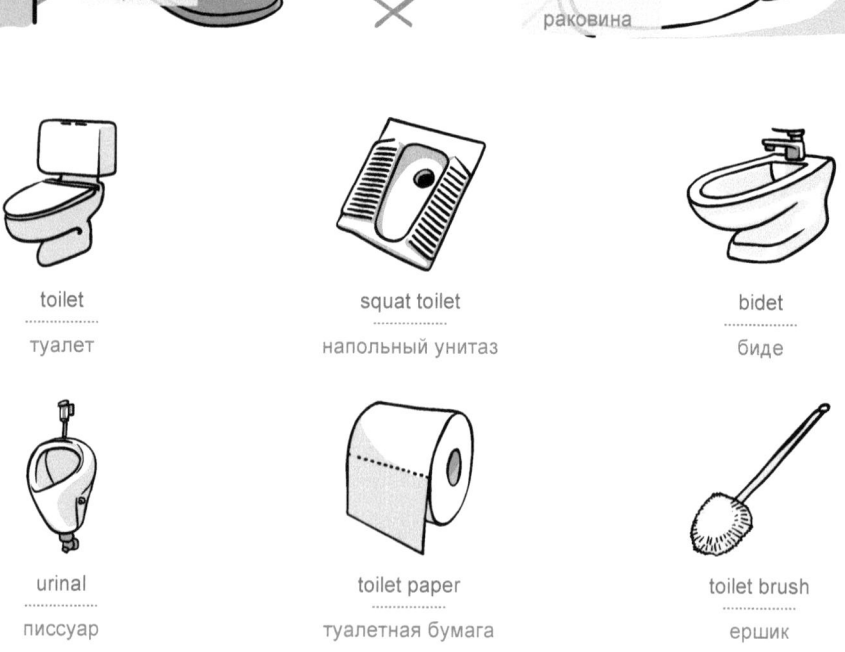

bathroom

ванная комната

shower
душ
heating
отопление
towel
полотенце
shower curtain
душевая занавеска
bubble bath
пенистая ванна
bathtub
ванна
glass
стакан
washing machine
стиральная машина
tap
кран
tiles
плитка
potty
горшок
sink
раковина

toilet

туалет

squat toilet

напольный унитаз

bidet

биде

urinal

писсуар

toilet paper

туалетная бумага

toilet brush

ершик

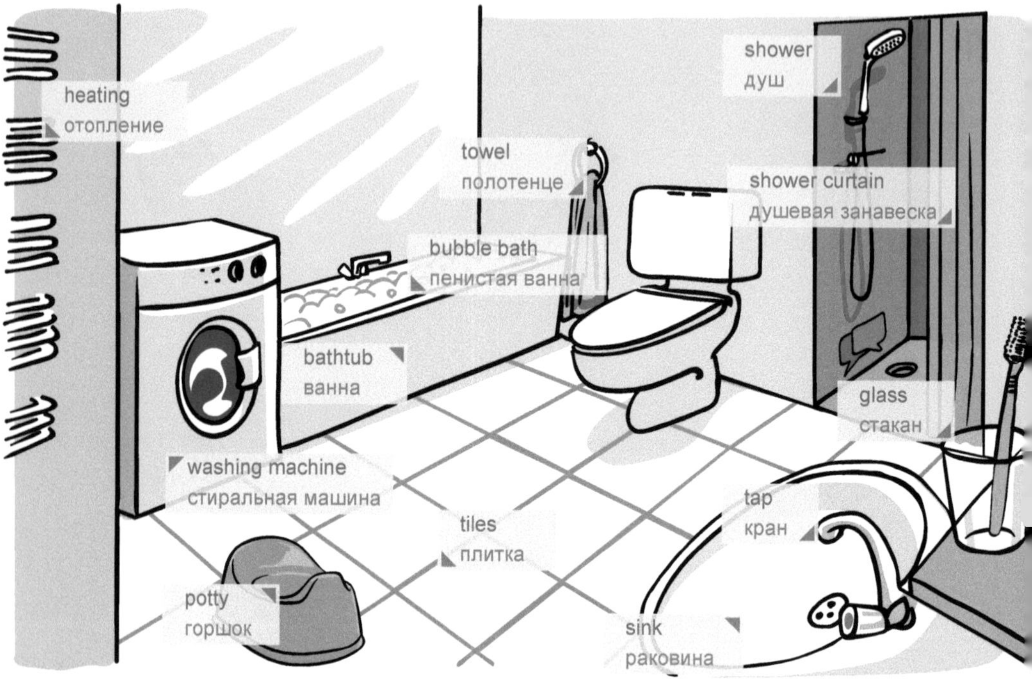

toothbrush

зубная щетка

toothpaste

зубная паста

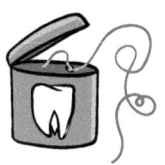

dental floss

зубная нить

wash

мыть

handheld shower

ручной душ

douche

интимный душ

basin

таз

back brush

щетка для спины

soap

мыло

shower gel

гель для душа

shampoo

шампунь

flannel

мочалка

drain

сток

cream

крем

deodorant

дезодорант

mirror

зеркало

hand mirror

ручное зеркало

razor

бритва

shaving foam

пена для бритья

aftershave

лосьон после бритья

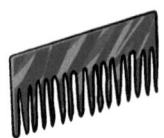

comb

расческа

brush

щетка

hair dryer

фен

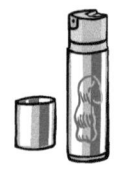

hairspray

лак для волос

makeup

косметика

lipstick

губная помада

nail varnish

лак для ногтей

cotton wool

вата

nail scissors

маникюрные ножницы

perfume

духи

washbag

косметичка

stool

табуретка

weighing scale

весы

bathrobe

халат

rubber gloves

резиновые перчатки

tampon

тампон

sanitary towel

гигиеническая прокладка

chemical toilet

биотуалет

child's room

детская комната

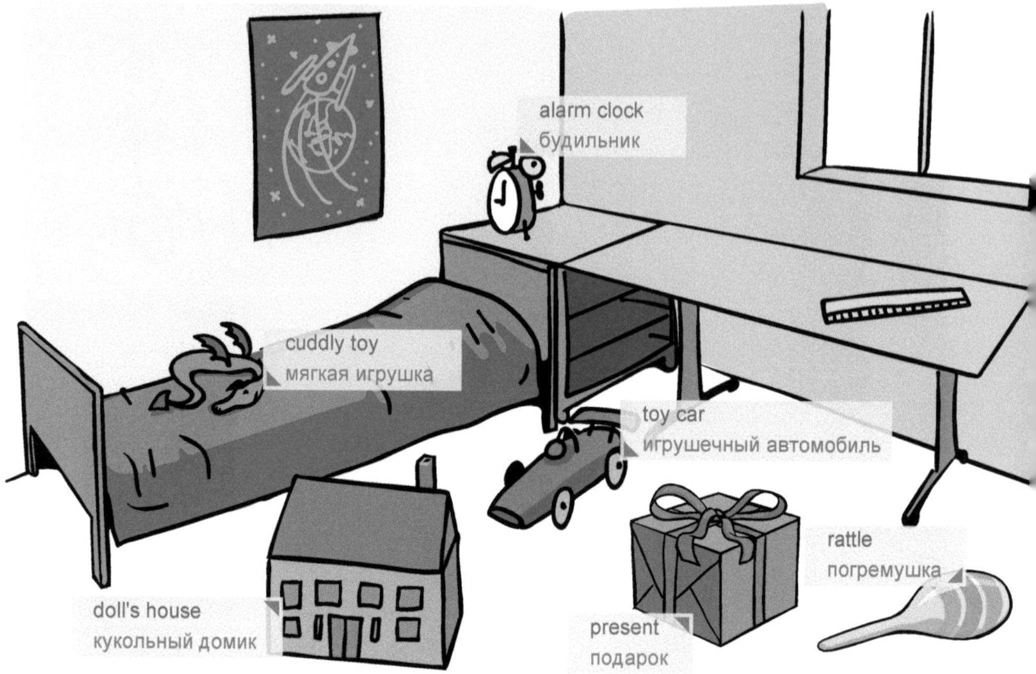
alarm clock
будильник
cuddly toy
мягкая игрушка
toy car
игрушечный автомобиль
rattle
погремушка
doll's house
кукольный домик
present
подарок

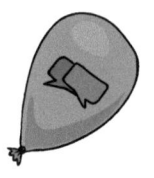

balloon

воздушный шар

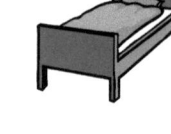

bed

кровать

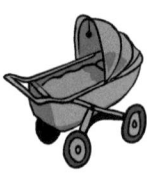

pram

детская коляска

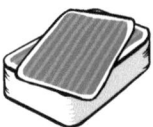

deck of cards

карточная игра

jigsaw

пазл

SUPER
MEGA

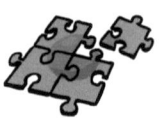

comic

комикс

lego bricks

кирпичики Лего

building blocks

кубики

action figure

игрушечная фигурка

babygrow

ползунки

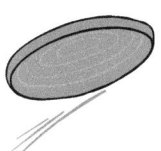

frisbee

фрисби

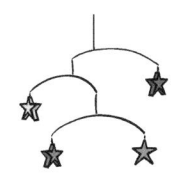

mobile

мобиле

board game

настольная игра

dice

кубик

model train set

модель железной дороги

dummy

соска

party

вечеринка

picture book

книга с картинками

ball

мяч

doll

кукла

play

играть

sandpit

песочница

swing

качели

toys

игрушка

video game console

игровая приставка

tricycle

трёхколесный велосипед

teddy bear

плюшевый медвежонок

wardrobe

шкаф для одежды

clothing

одежда

socks

носки

stockings

чулки

tights

колготки

scarf
шарф

umbrella
зонтик

belt
ремень

t-shirt
футболка

boots
сапоги

slippers
тапки

trainers
кроссовки

sandals
сандалии

shoes
ботинки

rubber boots
резиновые сапоги

underpants
трусы

bra
бюстгальтер

vest
майка

body

боди

trousers

брюки

jeans

джинсы

skirt

юбка

blouse

блузка

shirt

рубашка

pullover

свитер

hoodie

свитер

blazer

спортивная куртка

jacket

жакет

coat

пальто

raincoat

плащ

costume

костюм

dress

платье

wedding dress

свадебное платье

suit

мужской костюм

nightgown

ночная сорочка

pyjamas

пижама

sari

сари

headscarf

платок

turban

тюрбан

burqa

паранджа

kaftan

кафтан

abaya

абайя

swimsuit

купальник

trunks

плавки

shorts

шорты

tracksuit

спортивный костюм

apron

фартук

gloves

перчатки

button

пуговица

glasses

очки

bracelet

браслет

necklace

цепочка

ring

кольцо

earring

серьга

cap

шапка

coat hanger

вешалка

hat

шляпа

tie

галстук

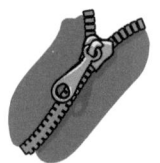

zip

застежка молния

helmet

шлем

braces

подтяжки

school uniform

школьная форма

uniform

форма

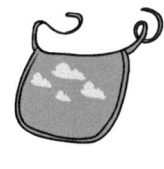

bib

детский нагрудник

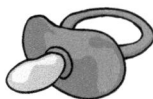

dummy

соска

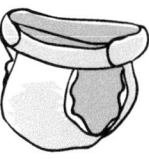

nappy

подгузник

office
офис

server
сервер
filing cabinet
канцелярский шкаф
paper
бумага
printer
принтер
monitor
монитор
desk
письменный стол
mouse
мышь
folder
папка
keyboard
клавиатура
waste-paper basket
корзина для бумаг
computer
компьютер
chair
стул

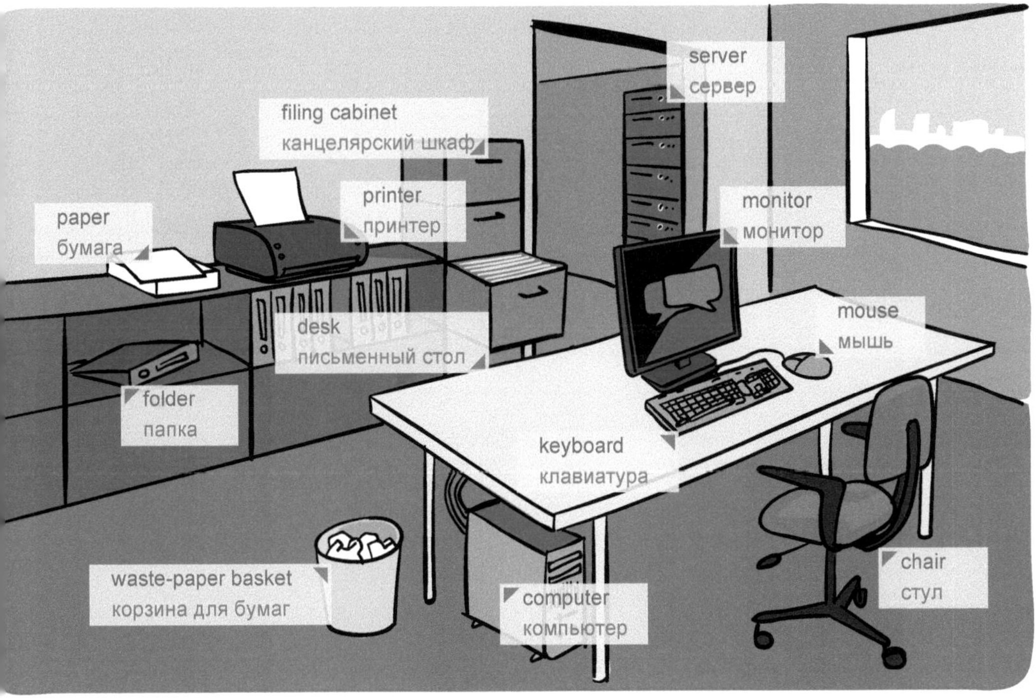

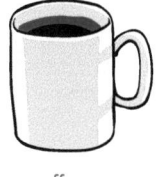

coffee mug

кофейная кружка

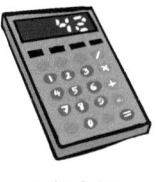

calculator

калькулятор

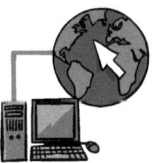

internet

интернет

laptop

ноутбук

letter

письмо

message

сообщение

mobile

мобильный телефон

network

сеть

photocopier

ксерокс

software

программа

telephone

телефон

plug socket

розетка

fax machine

факс

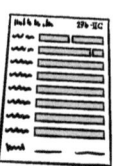

form

формуляр

document

документ

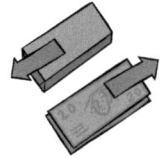

buy

покупать

pay

платить

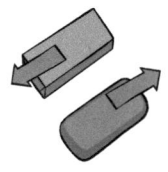

trade

торговать

money

деньги

dollar

доллар

euro

евро

yen

иена

rouble

рубль

Swiss franc

франк

renminbi yuan

жэньминьби юань

rupee

рупия

cashpoint

банкомат

bureau de change

пункт обмена валюты

gold

золото

silver

серебро

oil

нефть

energy

энергия

price

цена

contract

договор

tax

налог

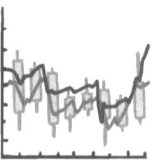

stock

акция

work

работать

employee

служащий

employer

работодатель

factory

фабрика

shop

магазин

economy - экономика

occupations
профессии

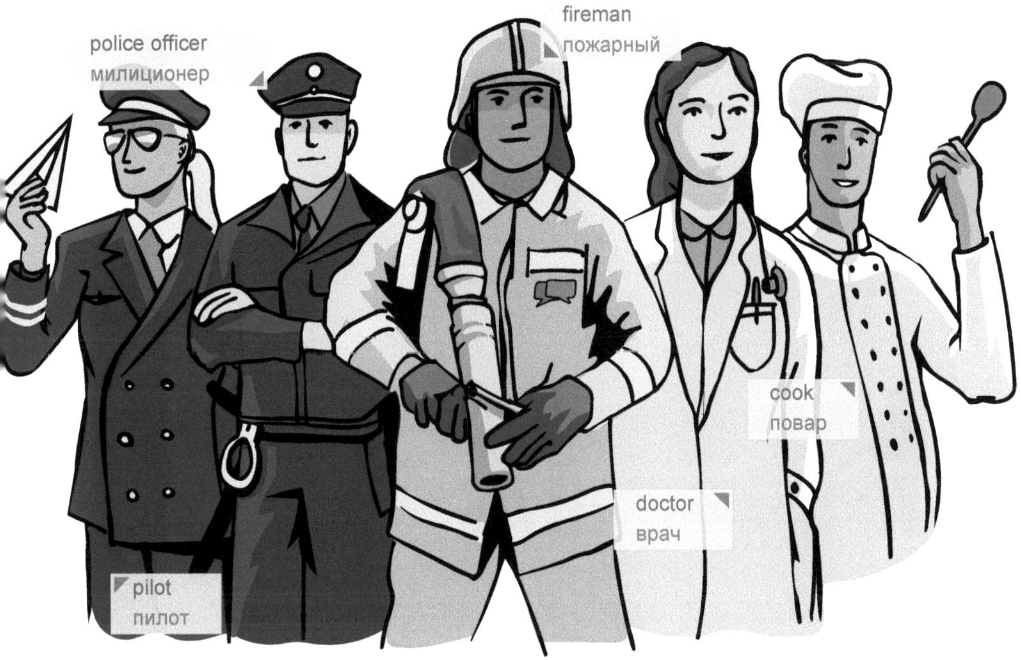
fireman
пожарный
police officer
милиционер
cook
повар
doctor
врач
pilot
пилот

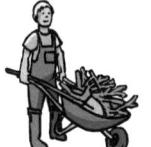

gardener

садовник

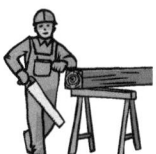

carpenter

столяр

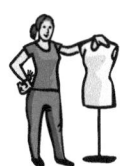

seamstress

швея

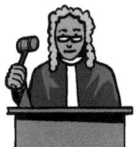

judge

судья

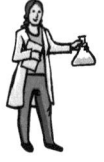

chemist

химик

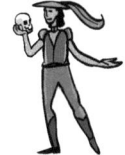

actor

актёр

bus driver

водитель автобуса

taxi driver

таксист

fisherman

рыбак

cleaning lady

уборщица

roofer

кровельщик

waiter

официант

hunter

охотник

painter

художник

baker

пекарь

electrician

электрик

builder

строитель

engineer

инженер

butcher

мясник

plumber

сантехник

postman

почтальон

soldier

солдат

architect

архитектор

cashier

кассир

florist

флорист

hairdresser

парикмахер

conductor

кондуктор

mechanic

механик

captain

капитан

dentist

зубной врач

scientist

ученый

rabbi

раввин

imam

имам

monk

монах

clergyman

священник

tools

инструменты

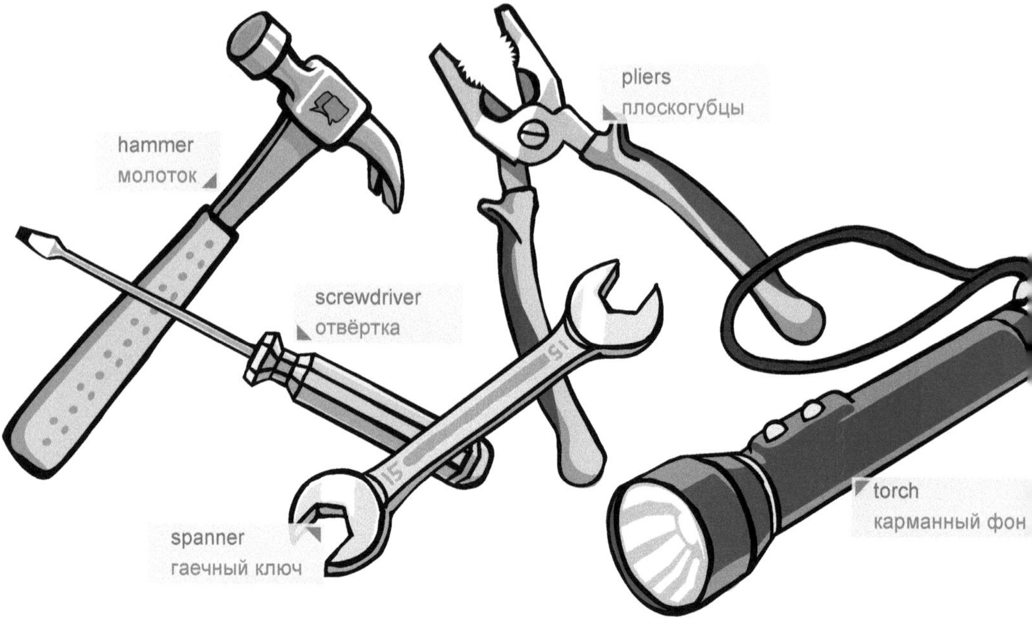
pliers
плоскогубцы
hammer
молоток
screwdriver
отвёртка
torch
карманный фон
spanner
гаечный ключ

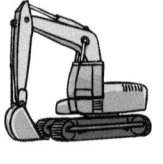

digger

экскаватор

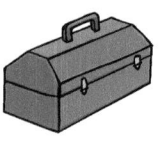

toolbox

ящик для инструментов

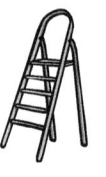

ladder

стремянка

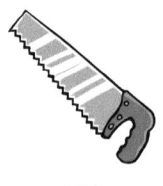

saw

пила

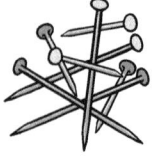

nails

гвозди

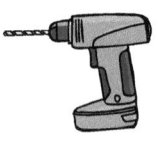

drill

дрель

repair

ремонтировать

shovel

лопата

Damn!

Блин!

dustpan

совок

paint pot

ведро с краской

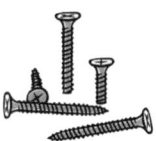

screws

винты

musical instruments
музыкальные инструменты

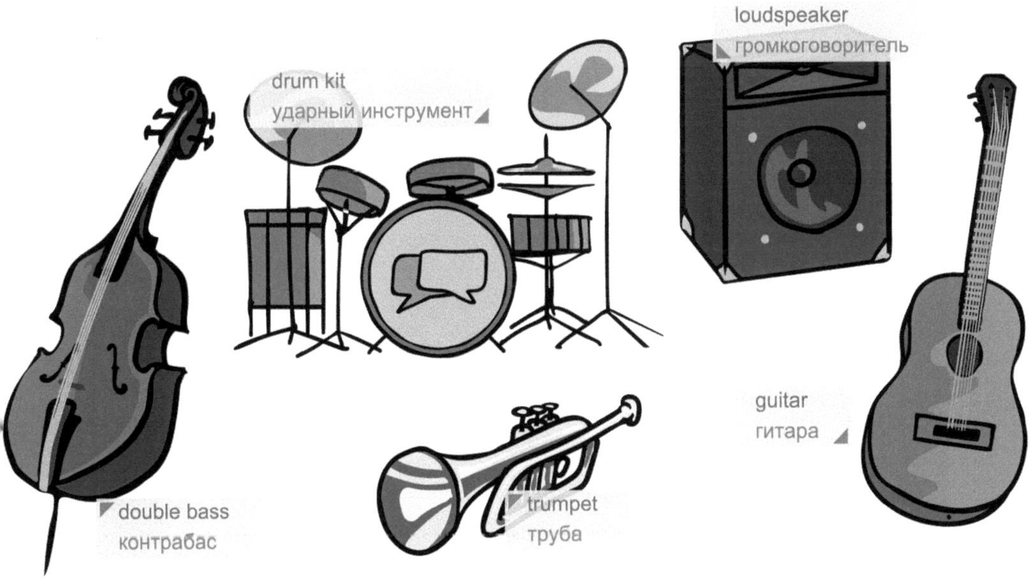

loudspeaker
громкоговоритель

drum kit
ударный инструмент

guitar
гитара

double bass
контрабас

trumpet
труба

piano

пианино

violin

скрипка

bass

бас-гитара

timpani

литавры

drums

барабан

keyboard

синтезатор

saxophone

саксофон

flute

флейта

microphone

микрофон

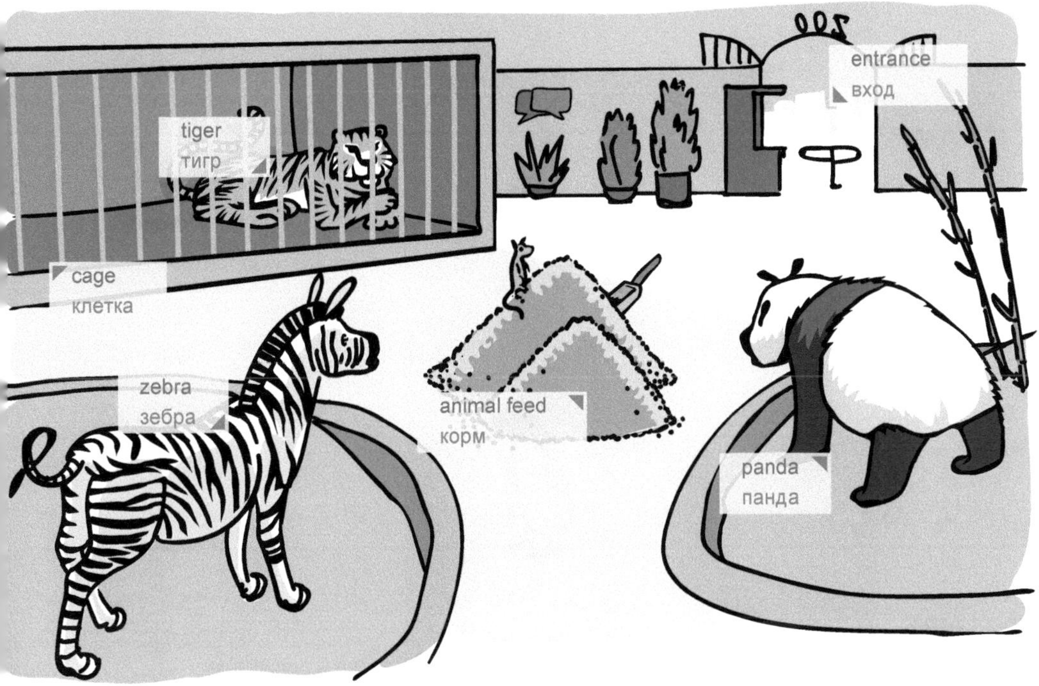

tiger
тигр

entrance
вход

cage
клетка

zebra
зебра

animal feed
корм

panda
панда

animals

животные

elephant

слон

kangaroo

кенгуру

rhino

носорог

gorilla

горилла

bear

медведь

camel

верблюд

ostrich

страус

lion

лев

monkey

обезьяна

flamingo

фламинго

parrot

попугай

polar bear

белый медведь

penguin

пингвин

shark

акула

peacock

павлин

snake

змея

crocodile

крокодил

zookeeper

служитель зоопарка

seal

тюлень

jaguar

ягуар

pony

пони

leopard

леопард

hippo

бегемот

giraffe

жираф

eagle

орёл

boar

кабан

fish

рыба

turtle

черепаха

walrus

морж

fox

лиса

gazelle

газель

zoo - зоопарк

American football
американский футбол

cycling
езда на велосипеде

tennis
теннис

basketball
баскетбол

swimming
плавание

boxing
бокс

ice hockey
хоккей

football
футбол

badminton
бадминтон

athletics
лёгкая атлетика

handball
гандбол

skiing
лыжный спорт

polo
поло

activities

действия

jump
прыгать
hug
обнимать
laugh
смеяться
walk
идти
sing
петь
dream
мечтать
pray
молиться
kiss
целовать

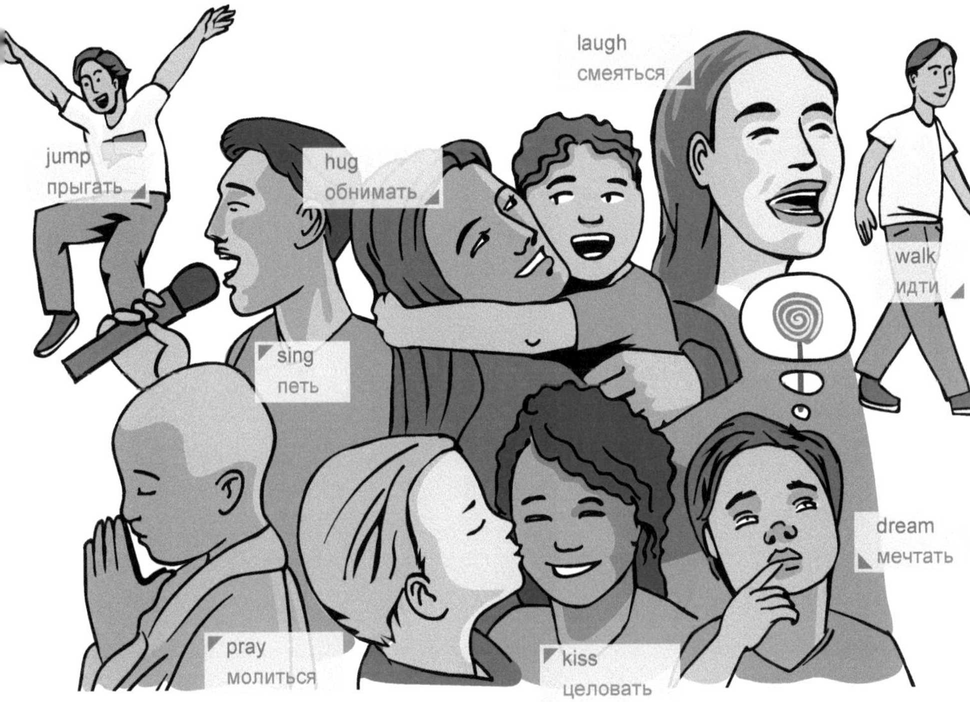

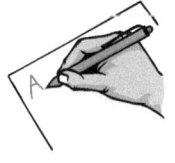

write

писать

draw

рисовать

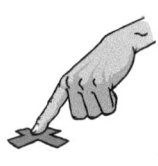

show

показывать

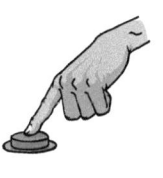

push

нажимать

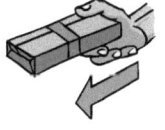

give

давать

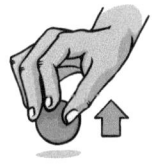

take

брать

have

иметь

do

делать

be

быть

stand

стоять

run

бежать

pull

тянуть

throw

бросать

fall

падать

lie

лежать

wait

ждать

carry

носить

sit

сидеть

get dressed

надевать

sleep

спать

wake up

просыпаться

look at

рассматривать

cry

плакать

stroke

гладить

comb

причесывать

talk

говорить

understand

понимать

ask

спрашивать

listen

слушать

drink

пить

eat

кушать

tidy up

наводить порядок

love

любить

cook

готовить

drive

ехать

fly

летать

sail

ходить под парусом

calculate

считать

read

читать

learn

учиться

work

работать

marry

вступать в брак

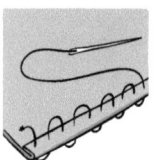

sew

шить

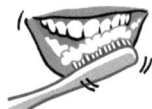

brush teeth

чистить зубы

kill

убивать

smoke

курить

send

отправлять

grandmother
бабушка

grandfather
дедушка

father
папа

mother
мама

baby
младенец

daughter
дочь

son
сын

guest

гость

aunt

тетя

uncle

дядя

brother

брат

sister

сестра

family - семья

body

тело

forehead
лоб
eye
глаз
face
лицо
chin
подбородок
breast
грудь
finger
палец
hand
кисть
arm
рука
shoulder
плечо
leg
нога

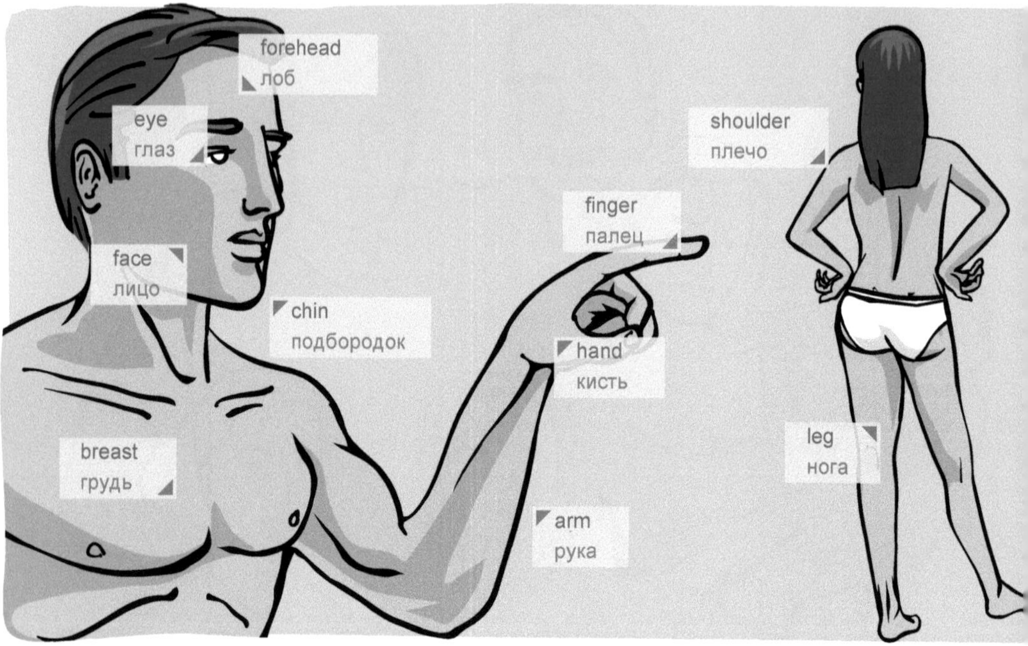

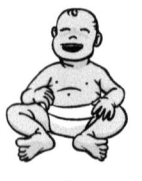

baby
младенец

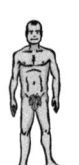

man
мужчина

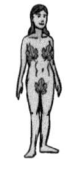

woman
женщина

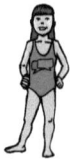

girl
девочка

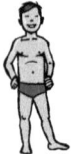

boy
мальчик

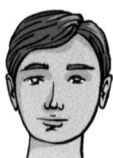

head
голова

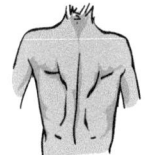

back

спина

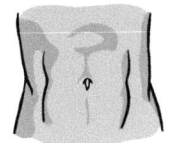

belly

живот

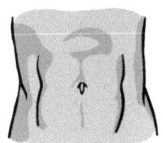

belly button

пупок

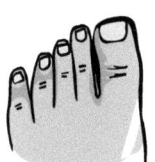

toe

палец ноги

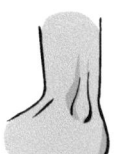

heel

пятка

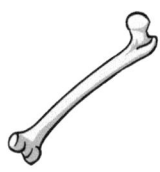

bone

кость

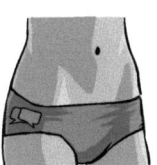

hip

бедро

knee

колено

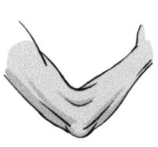

elbow

локоть

nose

нос

bottom

ягодицы

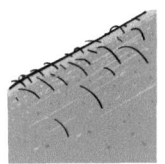

skin

кожа

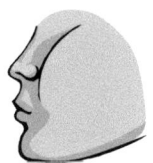

cheek

щека

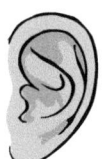

ear

ухо

lip

губа

mouth

рот

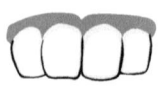

tooth

зуб

tongue

язык

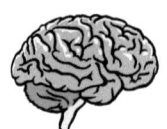

brain

мозг

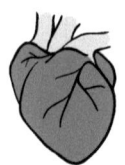

heart

сердце

muscle

мышца

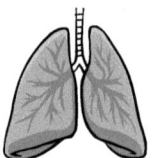

lung

лёгкое

liver

печень

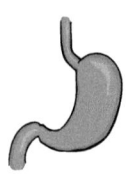

stomach

желудок

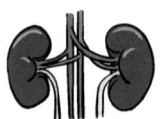

kidneys

почки

sex

половой акт

condom

презерватив

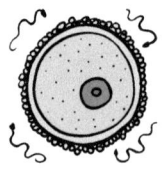

ovum

яйцеклетка

semen

сперма

pregnancy

беременность

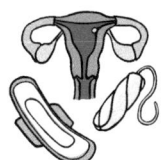

menstruation

менструация

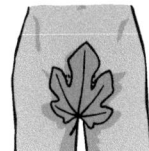

vagina

вагина

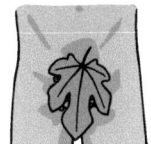

penis

пенис

eyebrow

бровь

hair

волосы

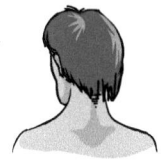

neck

шея

body - тело

hospital
больница

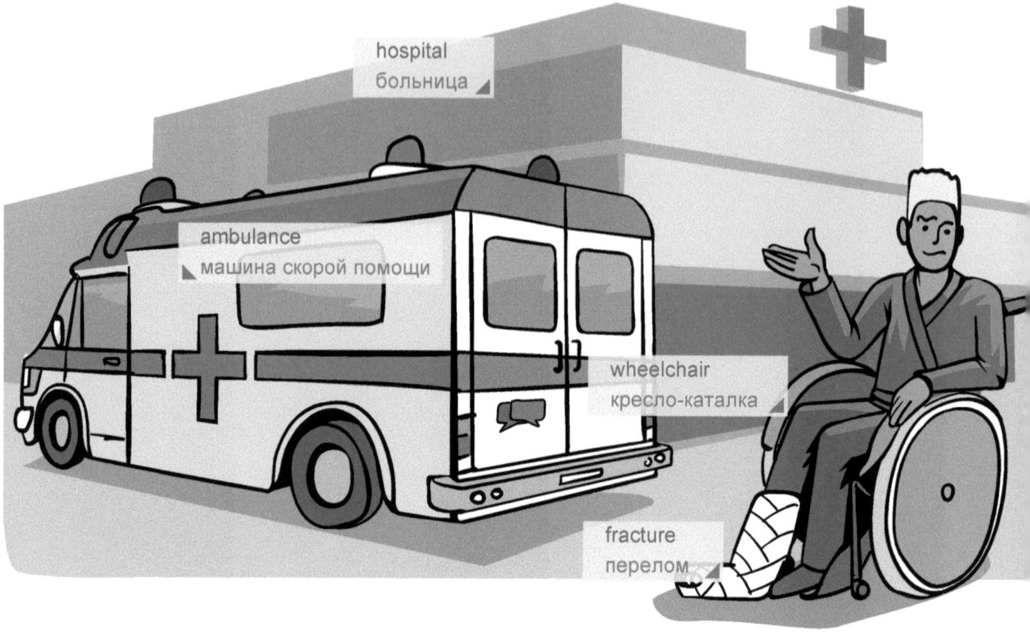

hospital
больница
ambulance
машина скорой помощи
wheelchair
кресло-каталка
fracture
перелом

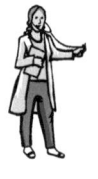

doctor
врач

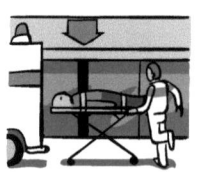

emergency room
пункт первой помощи

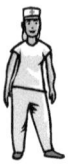

nurse
медсестра

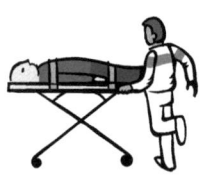

emergency
неотложный случай

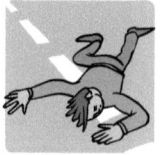

unconscious
без сознания

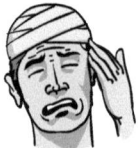

pain
боль

injury

повреждение

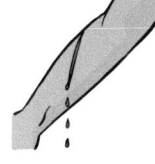

bleeding

кровотечение

heart attack

инфаркт

stroke

инсульт

allergy

аллергия

cough

кашель

fever

повышенная температура

flu

грипп

diarrhoea

понос

headache

головная боль

cancer

рак

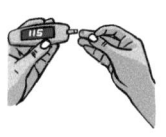

diabetes

диабет

surgeon

хирург

scalpel

скальпель

operation

операция

CT

КТ

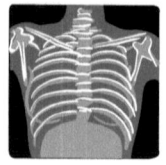

x-ray

рентген

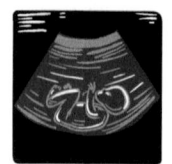

ultrasound

ультразвук

face mask

маска

disease

болезнь

waiting room

приёмная

crutch

костыль

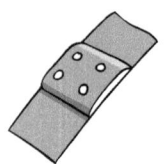

plaster

пластырь

bandage

бинт

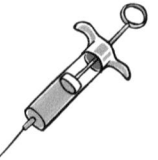

injection

укол

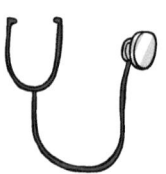

stethoscope

стетоскоп

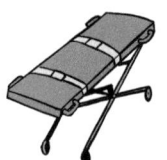

stretcher

носилки

clinical thermometer

термометр

birth

рождение

overweight

избыточный вес

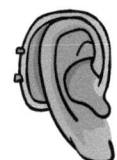

hearing aid

слуховой аппарат

disinfectant

дезинфекционное
средство

infection

инфекция

virus

вирус

HIV / AIDS

ВИЧ / СПИД

medicine

лекарство

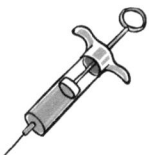

vaccination

прививка

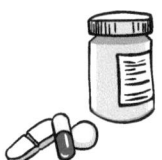

tablets

таблетки

pill

противозачаточная
таблетка

emergency call

экстренный вызов

blood pressure monitor

прибор для измерения
кровяного давления

ill / healthy

больной / здоровый

Help!

Помогите!

alarm

сигнал тревоги

assault

нападение

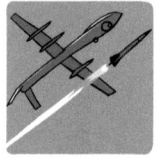

attack

атака

danger

опасность

emergency exit

запасной выход

Fire!

Пожар!

fire extinguisher

огнетушитель

accident

несчастный случай

first-aid kit

аптечка

SOS

SOS

police

милиция

Europe

Европа

North America

Северная Америка

South America

Южная Америка

Africa

Африка

Asia

Азия

Australia

Австралия

Atlantic

Атлантический океан

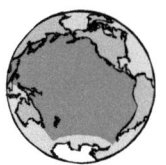

Pacific

Тихий океан

Indian Ocean

Индийский океан

Antarctic Ocean

Антарктический океан

Arctic Ocean

Северный Ледовитый океан

North Pole

Северный полюс

South Pole
Южный полюс

Antarctica
Антарктика

Earth
земля

land
суша

sea
море

island
остров

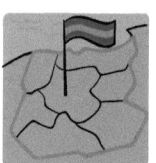

nation
нация

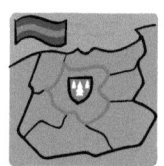

state
государство

clock face

циферблат

hour hand

часовая стрелка

minute hand

минутная стрелка

second hand

секундная стрелка

What time is it?

Который час?

day

день

time

время

now

сейчас

digital watch

электронные часы

minute

минута

hour

час

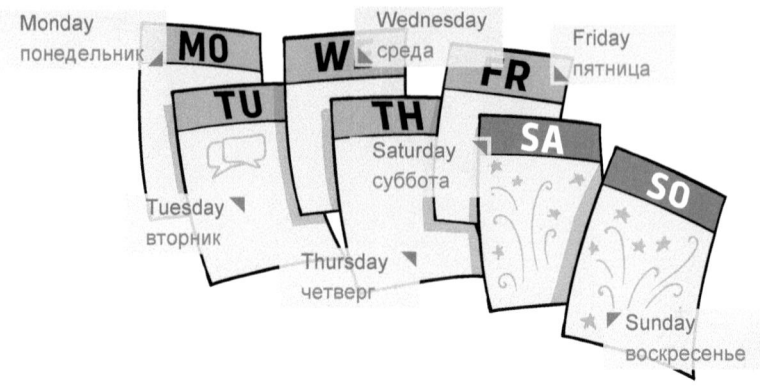

Monday / понедельник
MO
Wednesday / среда
W
Friday / пятница
FR
TU
TH
SA
Tuesday / вторник
Saturday / суббота
SO
Thursday / четверг
Sunday / воскресенье

yesterday

вчера

today

сегодня

tomorrow

завтра

morning

утро

noon

полдень

evening

вечер

MO	TU	WE	TH	FR	SA	SU
1	2	3	4	5	6	7
8	9	10	11	12	13	14
15	16	17	18	19	20	21
22	23	24	25	26	27	28
29	30	31	1	2	3	4

business days

рабочие дни

MO	TU	WE	TH	FR	SA	SU
1	2	3	4	5	6	7
8	9	10	11	12	13	14
15	16	17	18	19	20	21
22	23	24	25	26	27	28
29	30	31	1	2	3	4

weekend

выходные

year
год

rain
дождь
spring
весна
summer
лето
wind
ветер
autumn
осень
snow
снег
winter
зима

4.APRIL 11°
5.APRIL 4°
6.APRIL 13°
7.APRIL 8°
8.APRIL 10°

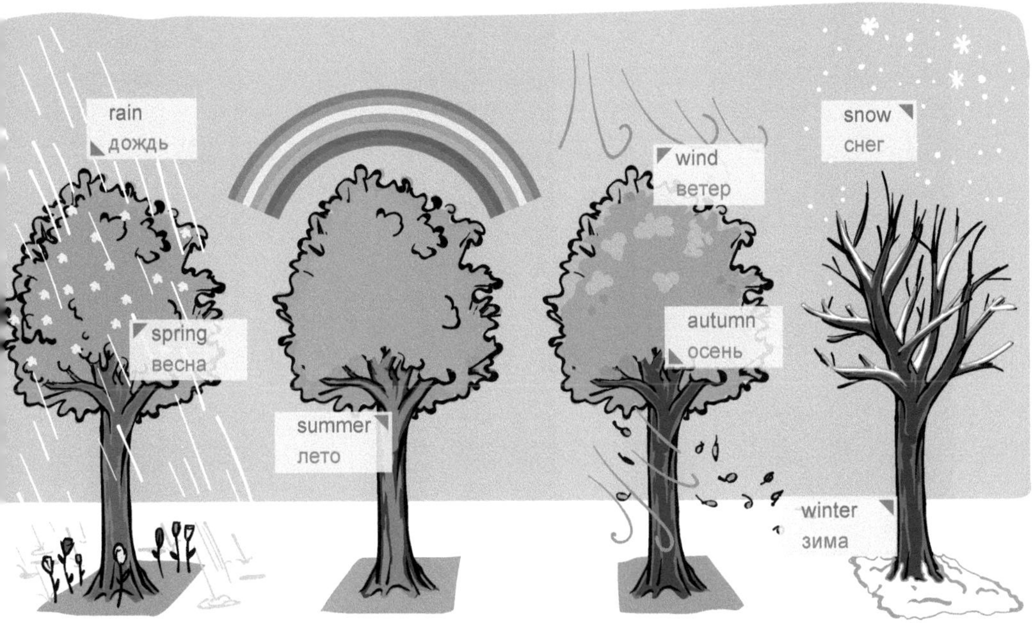

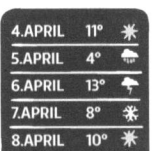

weather forecast

прогноз погоды

F
C
120
90
60
30
0
-30
40
30
20
10
0
-10
-20

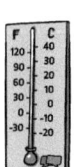

thermometer

термометр

sunshine

солнечный свет

cloud

туча

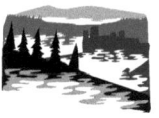

fog

туман

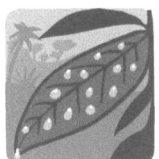

humidity

влажность воздуха

lightning

молния

thunder

гром

storm

буря

hail

град

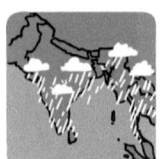

monsoon

муссон

flood

наводнение

ice

лёд

January

январь

February

февраль

March

март

April

апрель

May

май

June

июнь

July

июль

August

август

September
сентябрь

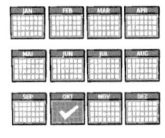

October
октябрь

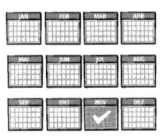

November
ноябрь

December
декабрь

shapes
формы

circle
круг

square
квадрат

rectangle
прямоугольник

triangle
треугольник

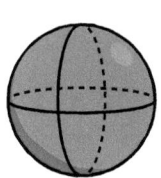

sphere
шар

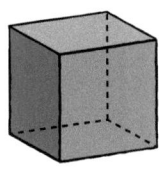

cube
куб

white

белый

yellow

желтый

orange

оранжевый

pink

розовый

red

красный

purple

лиловый

blue

синий

green

зелёный

brown

коричневый

grey

серый

black

черный

a lot / a little

много / мало

angry / calm

яростный / мирный

beautiful / ugly

красивый / уродливый

beginning / end

начало / конец

big / small

большой / маленький

bright / dark

светлый / темный

brother / sister

брат / сестра

clean / dirty

чистый / грязный

complete / incomplete

полный / неполный

day / night

день / ночь

dead / alive

мёртвый / живой

wide / narrow

широкий / узкий

edible / inedible

съедобный / несъедобный

evil / kind

злой / дружелюбный

excited / bored

взволнованный /
скучающий

fat / thin

толстый / худой

first / last

сначала / в конце

friend / enemy

друг / враг

full / empty

полный / пустой

hard / soft

твёрдый / мягкий

heavy / light

тяжёлый / легкий

hunger / thirst

голод / жажда

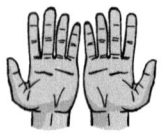

ill / healthy

больной / здоровый

illegal / legal

незаконный / законный

intelligent / stupid

умный / глупый

left / right

слева / справа

near / far

близко / далеко

new / used

новый / подержанный

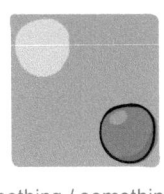

nothing / something

ничто / нечто

old / young

старый / молодой

on / off

включено / выключено

open / closed

открыто / закрыто

quiet / loud

тихо / громко

rich / poor

богатый / бедный

right / wrong

правильный /
неправильный

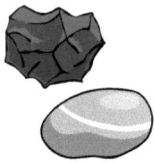

rough / smooth

шероховатый / гладкий

sad / happy

печальный / счастливый

short / long

короткий / длинный

slow / fast

медленный / быстрый

wet / dry

мокрый / сухой

warm / cool

тёплый / прохладный

war / peace

война / мир

opposites - противоположности

numbers
цифры

0

zero

ноль

1

one

один

2

two

два

3

three

три

4

four

четыре

5

five

пять

6

six

шесть

7

seven

семь

8

eight

восемь

9

nine

девять

10

ten

десять

11

eleven

одиннадцать

12

twelve

двенадцать

13

thirteen

тринадцать

14

fourteen

четырнадцать

15

fifteen

пятнадцать

16

sixteen

шестнадцать

17

seventeen

семнадцать

18

eighteen

восемнадцать

19

nineteen

девятнадцать

20

twenty

двадцать

100

hundred

сто

1.000

thousand

тысяча

1.000.000

million

миллион

ЯЗЫКИ

English
....
английский

American English
....
американский английский

Chinese Mandarin
....
мандаринский китайский

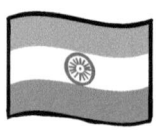

Hindi
....
хинди

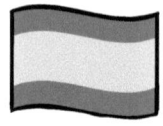

Spanish
....
испанский

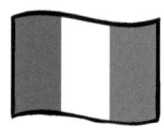

French
....
французский

Arabic
....
арабский

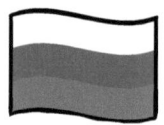

Russian
....
русский

Portuguese
....
португальский

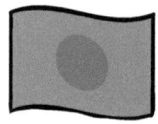

Bengali
....
бенгальский

German
....
немецкий

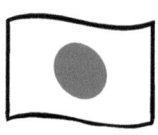

Japanese
....
японский

I

я

you

ты

he / she / it

он / она / оно

we

мы

you

вы

they

они

who?

кто?

what?

что?

how?

как?

where?

где?

when?

когда?

name

имя

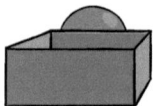

behind

за

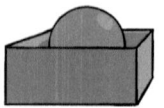

in

в

in front of

перед

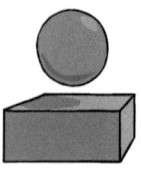

over

над

on

на

under

под

beside

рядом

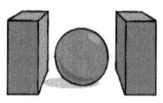

between

между

place

место